JN088517

はっけん いっぱい！

まちのしせつ ③

えき・電車

監修：國學院大學教授　田村 学

はじめに

みんながくらすまちには、どんなしせつがあるかな？

図書かん、じどうかん、電車やえき、バス、公園……。

いろいろなしせつがあるよね。

まちのしせつや、そこではたらいている人は、

まちのみんなの毎日をささえてくれているんだよ。

「なぜ？」「どうやって？」

それをはっけんするために、さあ、まちへ出かけてみよう！

いっしょにたんけんするのは……

まちの
いろいろなしせつに
行ってみよう！

どんな
はっけんが
あるかな？

ハルト　　**サクラ**

この本ではこんなふうにたんけんするよ！

```
1回目のたんけん
```
▼
ふりかえり・2回目のたんけんのじゅんび
▼
```
2回目のたんけん
```
▼
しせつについてわかったことのまとめ

しせつに行くときのちゅうい

1 しせつのルールはかならずまもってね。

2 しせつの人に話を聞くときは、はじめと
おわりに、あいさつをきちんとしよう。

3 パソコンやタブレットをつかうときは、
りょう手でしっかりもとう。

4 パソコンやタブレットは、つかいおわっ
たらきれいにふこう。

もくじ

先生・おうちの方へ

　この本は、小学校の生活科で行われるまち探検や、施設見学の事前・事後学習に役立つように、実際に施設を取材してまとめました。

　まち探検や施設見学は、子どもたちが公共施設の意義を理解することや、町に暮らす人々への興味を促すことを目的としていますが、その目的をどの子どもたちにも実現できるように、この本はさまざまな工夫をこらしています。

　施設の様子を写真やイラストで具体的に見ることができ、見学前後の子どもたちの気づきや発見、話し合いの様子はマンガで楽しむことができます。また、子どもたちが自ら考えるきっかけになるような問いかけが、紙面のいたるところに用意されています。

タブレット等を通すと、紙面から動画へ展開し、映像で施設の特徴をとらえられることも大きなポイントです。

　生活科は、自立し、生活を豊かにしていくための力を育成していく教科です。子どもたちが社会に出たときに、何ができるようになるか。生活科での学びを実際の暮らしにいかし、よりよい生活を想像していくことが期待されています。

　まち探検や施設見学の学習活動を通して、一人一人の子どもが大きく成長するとともに、夢や希望を抱きつつ、日々の生活を送っていく姿を願っています。

國學院大學教授　田村 学

この本のつかいかた

マークに注目してね!

どんな音が聞こえる?

えきのホームに来たよ!

えきにはどんな人がいるのかな?

見学は、行く前にきょかをとり、かならず大人といっしょに行きましょう。大人からはなれて、見学することはぜったいにやめてください。電車にのる前に、20〜23ページを読みましょう

大人といっしょに見学しましょうね!

電車はきけんな場所もあります。ルールをまもらないと、◯につながることもあるので、十分にちゅういしましょう。

ぼくらのなかまだよ!

はてな?

はてなしば

「はてな?」って、といかけるのがくせ。みんなもいっしょに考えてみよう!

ねえねえプードル

ふしぎに思ったことを話しかけてくるよ。考えるきっかけをくれるんだ。

動画ブル

動画が見られるところにいつもいるよ。そばにあるＱＲコードに注目!

▲ ＱＲコード

しせつのようすがよくわかる!

動画を楽しむために

インターネットがつながる
ところで見てね!

インターネットをつかうために
りょう金がかかる場合があるので
ちゅういしよう。

音が出てもだいじょうぶか、
まわりをたしかめてね!

動画からは音楽や声がながれるよ。
音が出せない場所で見る場合は、
音が出ないせっていにしてね。

パソコンや
タブレット、
スマートフォンを
じゅんび!

ＱＲコードの読みとりかた

1 本をたいらなところにおく。

明るいところに
おこうね!

2 パソコンやタブレット、スマートフォン
のカメラのマークをタップする。

手はきれいに
あらってから
つかおう!

3 ＱＲコードを読みとってやさしく
タップする。

読みとりにくいときは、
カメラを近づけたり
はなしたりしてみよう。

4 動画の再生ボタンをタップする。

再生ボタン

まちの えき・電車ってどんなところ？

えきに行ったこと、電車にのったことはあるかな？
ハルトとサクラといっしょに、えきや電車のことを思い出してみよう！

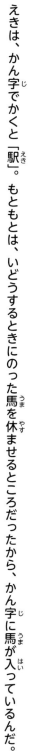
えきは、かん字でかくと「駅」。もともとは、いどうするときにのった馬を休ませるところだったから、かん字に馬が入っているんだ。

電車へようこそ！

動画もチェック！

電車の中にも、たくさんはっけんがあるよ。
よ〜く見てみよう！

ねぇねぇ
どんなのりごこち
なんだろう？

電車の中にも、
気になるものが
いっぱい！

はてな？
何人くらい
のれるのかな？

いきなり はっけん！

えきや電車で見つけたふしぎなことや、びっくりしたことをあつめたよ！

何がかいてあるのかな？

かいさつはどうやってとおるんだろう？

かいさつ

何か聞こえる！

メモを
とっておこう！

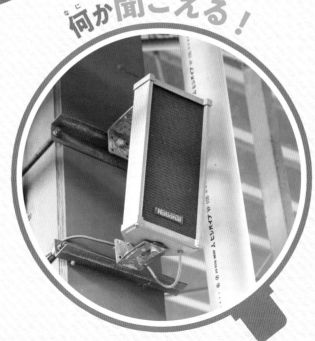

何をしているのかな？

何のしるし？

乗車位置
| 10両 | 8号車 2番ドア |
| 8両 | 8号車 2番ドア |

いろいろなマークがある！

出口
Exit 출구

いろいろな人がいる！

まわりの人の
じゃまにならない
ように見学しよう。

よ〜く、
見てみると……

わかったよ！

よく見たり、つかってみたりしたら、わかったことがいっぱいあったよ！

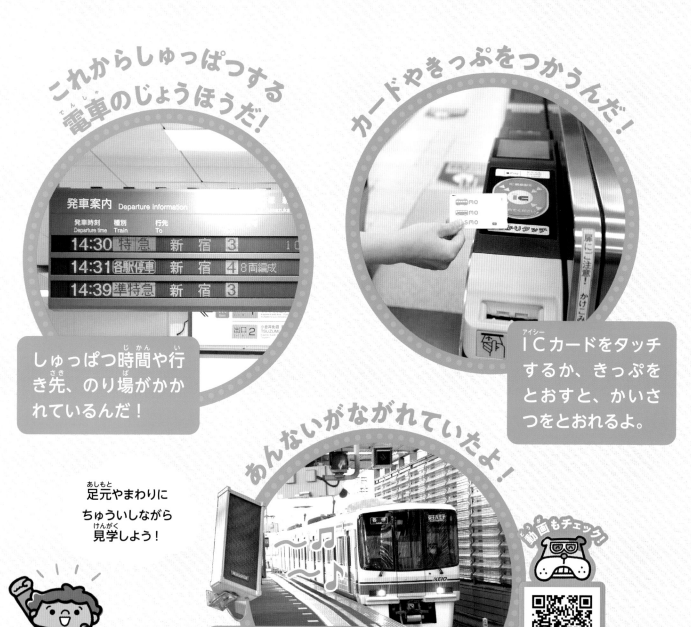

これからしゅっぱつする電車のじょうほうだ！

発車案内 Departure Information

発車時刻 Departure time	種別 Train	行先 To		
14:30	特急	新宿	3	1C
14:31	各駅停車	新宿	4	8両編成
14:39	準特急	新宿	3	

出口2 TSUZUM

しゅっぱつ時間や行き先、のり場がかかれているんだ！

カードやきっぷをつかうんだ！

ICカードをタッチするか、きっぷをとおすと、かいさつをとおれるよ。

あんないがながれていたよ！

足元やまわりにちゅういしながら見学しよう！

動画もチェック！

電車が来たときや出るときを知らせていたよ。

14

合図を出していた！

動画もチェック！

電車がしゅっぱつできることを、はたで車しょうさんに合図しているんだ！

ならんでまつ場所のしるしだ！

ちょうどドアがしるしの目の前に来るように電車が止まった！

はてな？

しるしがないと、どうなっちゃうかな？

何があるかマークでわかるんだ！

文字が読めなくてもわかるね！

ねぇねぇ

ほかにはどんなマークがあるかな？

しゃしんや動画は近づいたりはなれたりしてとってみよう！

⚠ しゃしんや動画は、えきの人にことわってからとろう！

＼まちの／ えき・電車のこと、もっと知りたい！

えきや電車の見学に行った、ハルトとサクラ。
クラスメイトに、じぶんのはっけんをつたえているよ。

教えてください！

はたらく人にインタビュー

えきではたらいている人に、えきや電車のことを聞いてみよう！
どんなことに気をつけているのかな？

えきいんさん

京王電鉄
小花沙藍さん

動画もチェック！

Q1 時間どおりに
電車が来るのはなぜですか？

A1 えきや電車ではたらく人たちが、なるべく電車がおくれないようにがんばっているんですよ。たとえば、おきゃくさまがひとつのドアにあつまらないように、マイクでごあんないしたり、のったあともドアのそばで止まらず、おくにすすむようによびかけたりもします。
電車をスムーズにしゅっぱつさせることは、わたしたちえきいんの大事なしごとのひとつです。

ゆびさし会話ちょうには、イラストやさまざまな外国語がかかれている。

Q2 えきいんさんは
どんなしごとをしていますか？

A2 えきのホームでアナウンスすることもありますが、わたしはおもにまど口でおきゃくさまのあんないをしています。
おきゃくさまに、えきや電車を、できるだけここちよくつかってもらえるように、いろいろとくふうをしているんですよ。たとえば、目がふじゆうな方がいたら、電車にのるまでつきそいます。日本語でお話しするのがむずかしいおきゃくさまには、絵や文字をゆびでさしてあんないができるように、「ゆびさし会話ちょう」をよういしています。

ねぇねぇ

えきいんさんのほかに、どんな人が
えきや電車ではたらいているのかな？

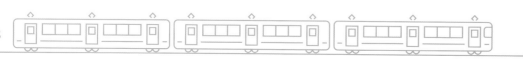

Q3 わすれものや、おとしものを したらどうすればいい？

A3 もし、えきや電車でわすれものをしたことに気づいたら、すぐえきいんに知らせてください。ほかのえきにれんらくをしたり、わすれもののデータをしらべたりして、見つけるお手つだいをします。

せんろにものがおちたときには、「しゅうとくき」というどうぐをつかうこともあります。自分でひろおうとして、せんろにおりるのはとてもきけんです。ぜったいにやめてくださいね。

しゅうとくきは、えきいんさんがすぐにとり出せるように、いつもホームにしまわれている。

Q4 えきや電車をつかうとき、どんな ことに気をつけたらいいですか？

A4 えきや電車をつかうときは、ほかの人のめいわくにならないように、走り回ったり、大声で話したりするのはやめましょう。

また、ホームでふざけていると、せんろにおちたり、電車にぶつかったりして、大けがをしてしまうかもしれません。黄色いせんのうちがわで、しずかに電車をまちましょう。

電車が来る前に、ホームのあんぜんをチェックするえきいんさん。

電車にのるとき、
ほかにはどんなことに
気をつけたらいいかな？

はやく、
電車にのって
みたい！

電車ののりかたは、
つぎのページで
しょうかいしているよ！

電車にのってみよう！①

電車ののりかたを知っておくと、とってもべんり！　かいさつのとおりかた、
電車ののりかた、おりかたをしょうかいするよ。

大人といっしょに
行きましょうね！

じゅんびしよう！

行きたいえきを、パソコンや地図でしらべる

えき

おばあちゃんの
家に近いのは、
高幡不動えきだ！

こうつうけいICカードやきっぷをよういする

今日は
ICカードで
のるよ！

ICカードはどこで買える？

子ども用のICカードは、
えきのまど口などで買え
るよ。おうちの人といっ
しょにもうしこもう。

まど口

きっぷの買いかた

これが
けんばいき！

ICカードのかわりに、
けんばいきできっぷ
を買って電車にのる
こともできるよ。

❶けんばいきの上にある、うんちん表をチェック！

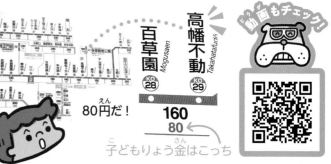

画面もチェック！

高幡不動 Takahatafudo KO29

百草園 Mogusaen KO28

160
80 ←
子どもりょう金はこっち

80円だ！

家の近くの
えきへ行こう！

地いきによって
いろいろな IC カードが
あるみたいね。

かいさつをとおる

IC カードを
読みとり
ぶぶんにタッチ！

そっと！

ピッ！

IC カードは 1 びょう
くらいタッチしてね。
みじかいと読みとれな
くて、かいさつをとお
れないことがあるよ。

動画もチェック！

かいさつのそばの あんないばんを見る

発車案内 Departure Information

発車時刻 Departure time	種別 Train	行先 To	
13:14	各駅停車	京王八王子	1
13:21	特急	高尾山口	2
13:24	各駅停車	高尾山口	1

ホームの
番号だよ

「高尾山口行き」の
かくえきてい車に
のりたいから、
1番ホームに行こう！

❷けんばいきのボタンをおす

80円のボタンを
おせばいいんだね！

70	80	90
50	170	180

先に子ども用ボタ
ンをおしてね。

❸お金を入れきっぷをうけとる

ここに
入れよう！

きっぷが
出てきたよ！

動画もチェック！

電車にのってみよう！②

大人といっしょに行きましょうね！

いよいよ、ホームに行って、電車にのるよ！
あんぜんやマナーに気をつけてね。

ホームへむかう ▶▶▶▶ ## ホームで電車をまつ

ここを上ると、1番ホームがあるんだね！

ならぶ場所がきめられているときは、そのとおりにならんでね。

上る人は左がわをつかうんだね！

はてな？
上りと下りで歩くところを分けているのはなぜかな？

えきに、ホームドアがあるときは、さわったりよりかかったりしないでね！

ホームにまちあい室があるえきがあるよ。

電車にのるときのルール

えきの中やホームで走ったり、電車にかけこんでのったりするとあぶないから、ぜったいにやめてね。

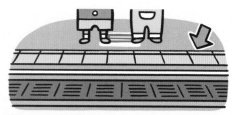

電車は、黄色いせんのうちがわでまとう。はみ出すと電車にぶつかることもあるので、ぜったいにダメ！

電車にのる

足元にちゅういしてのろう。

はてな？

おりてくる人がいるときは、どうすればいい？

目てきのえきについたら電車をおりる

つぎに止まるえきのあんないが出るよ。

せきにすわる

これはゆうせんせきのマーク。お年よりや体がふじゆうな人などには、せきをゆずることになっているよ。

ねぇねぇ

ほかにはどんな人にせきをゆずる？

かいさつを出る

また、IC カードをかいさつにタッチすればいいんだね！

ガタン ゴトン

わっ!!

車りょうのつなぎ目に立つと、強くゆれてころんだり、手足がはさまれたりする場合もあるので、立ち止まらないでね。

ぎゅ

ぎゅ

せきにすわれない場合は、手すりやつりかわにしっかりつかまり、電車のゆれにそなえよう。

？ もっと はっけん！

えきや電車のつかいかたがわかったら、
はっけんがもっと見つかったよ！

インターホン、どこにつうじるの？

広いかいさつがあったよ

外国のことばがある!?

あとでえきいんさんに
聞くために、
メモをしておこう。

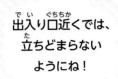

出入り口近くでは、立ちどまらないようにね!

電車のここだけいすがないぞ?

電車のドアに何かかいてある!

ヒーターがついている!

ぽか
ぽか

これは何だろう?

えきいんさん、教えてください!

ＯＫ!
わたしにまかせて。

わ〜い!
いろいろ聞いちゃおう!

えきいんさんに聞いてみたよ!

もっと わかったよ！

えきいんさんに、えきや電車の
いろいろなくふうを教えてもらったよ！

えきいんさんとつながった！

どうされましたか？

えきいん室につながるインターホンなの。まいごになったり、おとしものをしたりしたときにつかってね。

車いすでもとおりやすい！

広いから、車いすやベビーカーもスムーズにとおれるのよ。

えきの名前が外国語でかいてあるんだ

べんりね！

ローマ字

KO 24 府中
ふちゅう Fuchū

府中　부추

韓国語

外国のおきゃくさまでも、えきの名前を読めるようにしているの。

絵と、ちゅういがかいてあった！

子どもたちにちゅういしてもらいたいことなので、ひらがなでかいているの。

車いすやベビーカーがつかいやすい！

車いすの人や、ベビーカーといっしょに電車にのる人のためのスペースなのよ。

ゆったりつかえるね！

地いきのじょうほうがいっぱい！

えきのまわりのイベントのお知らせや、かんこうスポットのパンフレットをおいているのよ。

まちにすむ人にやくだちそうね！

あんぜん について さぐろう!

つかう人のあんぜんをまもるために、えきや電車には、いろいろなそなえがあるよ。

ホームに

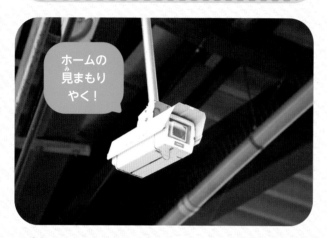

ホームの見まもりやく!

ぼうはんカメラ

ホームで、じこやじけんがおきないように見まもるよ。もし、じけんやじこがおきたときには、げんいんを知ることもできるよ。

ホームとせんろの間にあるよ。

ホームドア

ホームにいる人が、せんろにうっかりおちるのをふせぐやくわりがあるんだ。のりおりのときにだけドアがひらくよ。

きんきゅうのときのためのボタンだよ!

ひじょうていしボタン

人がせんろにおちるなど、きけんなときにつかうよ。ボタンをおすと、近くを走っている電車がじどうで止まるんだ。

はてな?

ひじょうていしボタンはホームにいくつあるのかな?

⚠️ きんきゅうのときいがいには、ぜったいにおさないでね!

えきの中に

AED

もし、えきでぐあいがわるくなって、心ぞうが止まってしまった人がいたときのためのきかい。電気ショックをあたえて、心ぞうをうごかすんだよ。

⚠️ えきの中で、ぐあいがわるくなった人を見かけたら、すぐにまわりの大人に知らせよう。

いのちをまもるきかいだよ！

電車の中に

ひじょうつうほうき

ぐあいがわるくなった人がいたり、じけんやじこがおきたりしたら、すぐに車しょうさんに知らせることができるよ。

おばあちゃんだいじょうぶ!?
ポチッ

電車の中で、こまったことがおきたら……。

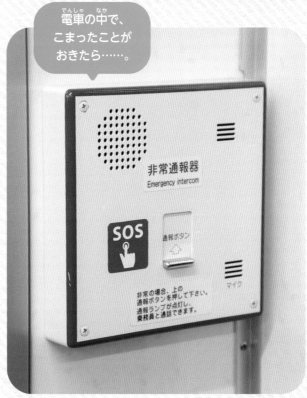

⚠️ きんきゅうのときいがいには、ぜったいにおさないでね！

29

バリアフリーをはっけん！

体がふじゆうな人やお年よりなどにとって、さまたげになるものをとりのぞくことを「バリアフリー」というよ。えきや電車には、バリアフリーのくふうがたくさんあるんだ。

かいだんで見つけたよ！

ピヨピヨ

動画もチェック！

鳥のなき声で、かいだんなどの場所を知らせるよ。目がふじゆうな人のやくに立つんだ。

かいさつのそばで見つけたよ！

動画もチェック！

えきやそのまわりの地図だよ。目のふじゆうな人がでこぼこで文字を読みとれる「点字」がついているよ。音声でもあんないしてくれるんだ。

ホームなどで見つけたよ！

目がふじゆうな人に、ホームの場所やかいさつまでの道を、でこぼこのブロックでしめしているんだ。これを「点じょうブロック」というよ。

⚠ ブロックが読めなくなるので、この上で立ち止まらないでね。

これなら、ホームのはしがどこか、わかりやすいね！

けんばいきで見つけたよ！

けんばいきにも点字が
ついている！

よく見ると
でこぼこがある！

点字の
うんちん表がある！

けいおうせん　てんじ　きっぷ　うんちんひょう

えきめいは　50おんじゅんに　ならんでいます。
すうじは　おとな　うんちん（こどもは　はんがく。10えんみまん
ICかーどうんちんとは　ことなります。ごふめいなてんは　えきいん

「い」	いけのうえ	290	えん	「ち」	ちとせから
	いなぎ	180	えん		ちょうふ
	いのかしらこうえん	290	えん	「つ」	つつじがお
「え」	えいふくちょう	250	えん	「と」	とびたきゅ
「か」	かみきたざわ	200	えん	「な」	なかがわ

たきのうトイレ

動画もチェック!!

車いすの人などがつ
かいやすいように、い
ろいろなくふうがされ
ているトイレだよ。

ドアがあけやすいように、
大きなボタンになっているよ。

ひらく OPEN　しまる CLOSE　使用中 OCCUPIED

車いすの人が電車をのりおりするときは、えきいんさんがサポート！

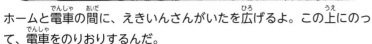

ホームと電車の間に、えきいんさんがいたを広げるよ。この上にのっ
て、電車をのりおりするんだ。

\まちに/ えき・電車があるのはどうして?

どうして、まちにはえきや電車があるんだろう。考えてみよう!

えきや電車があるから、
まちの人たちが、

**いろいろなところに
出かけられる**んだね!

**いつも時間どおりに
電車が来る**から、
しごとに行くときも
安心してつかえるね!

**点じょうブロックや
音声あんない**が
あるから、安心して
つかえるよ。

えきに
**お店のチラシを
おかせて
もらったら、**
たくさんの人に来て
もらえるように
なったんだ。

えきや電車には、
**どんな年れいの人にも
見やすいあんないが**
たくさん。**遠くに行きたい**
ときでも、きがるに
利用できるわ。

**バリアフリーの
せつびがたくさん**

あるので、
心強いわ。

**電車にベビーカーを
のせられるスペース**
があるから、子どもづれでも
出かけやすいよ。

外国語のあんないや、
**わかりやすい
マーク**が
たくさんあるから、
まよわなくてすむよ。

\まちの/ えき・電車ってこんなところ!

えきや電車を利用して、はっけんしたことを、カードにまとめたよ!

カードに
**絵をかいたり、
とったしゃしんを
はったり**しよう!

はっけん!

しごとや学校へ行く人、お年より、

外国人、車いすの人など、

まちにすむ、いろいろな人が、

えきや電車を利用していました。

はっけん!

ひじょうていしボタンなど、

じこをふせぐためのせつびが

たくさんありました。

はっけん!

トイレのマークや、外国語のかんばん

などは、えきをつかうどんな人にも

わかりやすいくふうだと思いました。

はっけん!

はっけん！

えきではたらく、えきいんさんは、
おきゃくさんのあんないや、ホームの
あんぜんかくにんなど、
いろいろなしごとがあるそうです。

はっけん！

体がふじゆうな人でも、スムーズに
つかえるような「バリアフリー」が、
たくさん見つかりました。

はっけん！

えきや電車をつかうときは、
走ったり、大きな声でしゃべったり
しないなどのルールがありました。

メモしたことやタブレットなどで
きろくしたことを
見直してみよう。

えき・電車のこと、まとめよう！

2回の見学でわかったことを、グループでまとめるよ。
ハルトとサクラのグループは、どんなふうにまとめるのかな？

学校（グループ学しゅう中）

みんな、はっけんカードはできたかしら？
はっけんしたことをグループでまとめましょう！

えきや電車っていろいろな人がつかうから、
わかりやすいあんないがいっぱいあるんだよね！

いろいろなあんないをまとめて、ひとつのテーマにしない？

わたしは、もっとちがうはっけんがあったの！
電車ののりかたをマスターしちゃったんだ！

おもしろそう！

えきいんさんがいないえきもあるよ。かいさつがないえきでは、電車の中でICカードをタッチするなどして、うんちんをはらうよ。

さくいん

監修 田村 学（た むら まなぶ）
（國學院大學人間開発学部初等教育学科教授）

新潟県出身。新潟大学教育学部卒業。文部科学省初等中等教育局視学官などを経て、現職に。日本生活科・総合的学習教育学会副会長。文部科学省視学委員。生活科教科書（東京書籍）監修をつとめる。専門は、教科教育学（生活・総合的な学習の時間）、教育方法学、カリキュラム論。主な著書に『川のこえをきこう いのちを育てる総合学習』（童心社）や、『考えるってこういうことか！「思考ツール」の授業』（小学館）などがある。

撮影	渡邊春信
キャラクターイラスト	まつむらあきひろ
イラスト	上垣厚子
デザイン	chocolate.
動画撮影・編集	chocolate.
編集	西野 泉、小園まさみ
編集協力	工藤亜沙子、やまおかゆか
校正	文字工房燦光
取材協力	京王電鉄

＊この本のイラストは、じっさいのしせつのようすとちがう場合があります。
＊この本でしょうかいしたしせつのじょうほうは、2022年3月のものです。
＊しゃしんや動画に登場するスタッフのみなさんには、さつえいのときだけマスクを外してもらいました。
＊この本のQRコードから見られる動画は、お知らせなくないようをかえたり、サービスをおえたりすることがあります。

はっけん いっぱい! まちのしせつ3 えき・電車

発 行	2022年4月 第1刷
監 修	田村 学（國學院大學人間開発学部初等教育学科教授）
発行者	千葉 均
編 集	片岡陽子
発行所	株式会社ポプラ社
	〒102-8519 東京都千代田区麹町4-2-6
	ホームページ www.poplar.co.jp（ポプラ社）
	kodomottolab.poplar.co.jp（こどもっとラボ）
印刷・製本	今井印刷株式会社

ISBN978-4-591-17291-9 N.D.C.375 39p 27cm Printed in Japan

©POPLAR Publishing Co., Ltd. 2022

●落丁・乱丁本はお取り替えいたします。
電話（0120-666-553）または、ホームページ（www.poplar.co.jp）のお問い合わせ一覧よりご連絡ください。※電話の受付時間は、月～金曜日10時～17時です（祝日・休日は除く）。
●本書のコピー、スキャン、デジタル化等の無断複製は著作権法上での例外を除き禁じられています。本書を代行業者等の第三者に依頼してスキャンやデジタル化することは、たとえ個人や家庭内での利用であっても著作権法上認められておりません。

P7231003

あそびをもっと、
まなびをもっと。

?!

こどもっとラボ

はっけん いっぱい！
まちのしせつ

全5巻

小学校低学年〜中学年向き

各39ページ　N.D.C.375

AB判　オールカラー

図書館用特別堅牢製本図書

ポプラ社はチャイルドラインを応援しています

18さいまでの子どもがかけるでんわ

チャイルドライン®

0120-99-7777

毎日午後4時〜午後9時　※12/29〜1/3はお休み

チャット相談は
こちらから

電話代はかかりません
携帯（スマホ）OK

えき・電車のマップをかいたよ！

ホーム

かいだん・エスカレーター

ぼうはんカメラ

インターホン

点じょうブロック

目がふじゆうな人の
ためにあるんだって！

ひじょうていし
ボタン

あんないばん

えきかんばん

ならんでまつときの
しるし

わたしが
かいたよ！

えきの中

かいだん・エスカレーター

たきのう
トイレ

ボタンでかんたんに
あけしめできたよ！

あんないばん

電車のしゅっぱつ時間が
わかりやすい！

点じょう
ブロック

トイレ

うんちん表

まど口

じどうかいさつ

けんばいき

きっぷはここで
買うんだ！

広いかいさつが
あったよ！